AF562625

H. DE LATOUCHE

H. DE LATOUCHE.

H. de Latouche, l'éminent écrivain enlevé si récemment aux lettres, à la patrie, à l'amitié en deuil, naquit le 2 février 1785, à La Châtre, département de l'Indre. Mais à l'âge de *vingt-quatre heures*, comme il disait quelquefois en souriant, il fut porté à une campagne voisine nommée *Archis*, et appartenant à sa famille. Il eut pour nourrice la femme du métayer de ce domaine, auquel se rattachaient tous ses souvenirs d'enfance. La maison était isolée, le site un peu sauvage. Voci ce que dit le poète des environs de cette propriété :

Mon village est assis sur un plateau stérile,
Ceint de grands châtaigniers, de brandes et de fleurs;
Des steppes de l'Ukraine on dirait les couleurs.
J'irai : je veux rêver, quand la prière tinte,
Dans les larges chemins qui bordent son enceinte.
Ces vieux sentiers gaulois, d'ajoncs d'or étoilés,
Etonnent par l'ampleur de leurs flancs isolés.
Sans vestiges humains, l'herbe épineuse et drue,
A peine est entamée au soc de la charrue.
. . . .
Là, quand la perdrix rouge, à ses douces clameurs,
Aura su rallier tous ses enfants dormeurs,
Sur vos fronts, dans la nue, encore au-dessus d'elle,
Il passera, le soir, un frémissement d'aile :
Ce sont les bataillons des oiseaux pélerins,
Voyageurs, comme nous, dans des airs plus sereins!

M. de Latouche peint ainsi souvent sa contrée natale, toujours en traits caractéristiques, et avec une merveilleuse fraîcheur de coloris ; il l'a bien poétisée sans la défigurer. C'est là, dans ce domaine d'*Archis*, qu'il passa les huit premières années de sa vie, entre sa famille et *celle qui*, disait-il, *en avait été comme le complé-*

ment en lui donnant des frères d'adoption. Nous aimons à citer les paroles du poëte à qui nous avons entendu raconter avec animation, à soixante ans, ses courses avec ses frères de lait, à travers les *sentes fleuries*, et les *aventures* de son enfance libre et heureuse. Mais toutes ces images, vivantes encore dans sa mémoire, étaient dominées par celle de sa mère. Il la dépeignait si vivement, qu'à l'entendre on croyait l'avoir connue, sa mère, et se souvenir avec lui. Par une illusion de sa tendresse, sans doute, il lui semblait retrouver quelques-uns des traits de cette mère si aimée dans ceux des personnes qu'il chérissait le plus. Il appelait toujours de ce nom de *mère* l'amie qui lui donnait des soins dans ses moments de souffrance. Voici des vers dictés pendant sa dernière maladie :

Tu me rends mes premiers, mes deux plus saints amours,
O mon Dieu! Le vieillard qu'une lointaine aurore
Vit bercer dans les plis du drapeau tricolore,

A revu ce drapeau fêter ses derniers jours ;
Et tu me rends ma mère à mes regrets ravie.
Oui, je trouve une mère aux deux bouts de ma vie !
Si je savais un nom et plus tendre et plus doux,
Mon cœur, ange béni, le garderait pour vous !

Dans une âme aussi aimante, dans une imagination si vive, les scènes et les impressions de l'enfance devaient laisser de profondes traces. Ne se peut-il pas que là, dans ces brandes à la vague étendue,

Océans de verdure et de parfums sauvages,

ait commencé à naître, chez l'impressionnable enfant qui devait être un poète, cette disposition contemplative et mélancolique qui domine dans son caractère et dans ses œuvres ? Plus tard, sans doute, les amertumes inévitables de la vie, les aspirations vers l'idéale perfection, suivies de déceptions fréquentes, auront développé ces germes précoces, surexcité jusqu'à l'excès sa sensibilité native. Cette sensibilité est enfin devenue une cause presque continuelle de souffrance, une vraie maladie. Pour ne jamais le froisser involontairement, il fallait le connaître ; mais aussi comme il rendait avec usure ce qu'il exigeait en tendresse, en égards, en confiance, en dévoûment, quand on l'avait bien compris et qu'on l'aimait à son gré !

A huit ans il quitta *Archis* pour le collége de Pont-le-Voy. Là, il fit des études très complètes, et il contracta des amitiés qui toutes ont duré autant que son existence. Quelquefois des malentendus, des circonstances fâcheuses, des antagonismes politiques, ont momentanément relâché ces liens, mais sans jamais les briser; et toujours c'est M. de Latouche qui, le premier, a senti le besoin de les resserrer. Un de ces amis de collége,

> Si divers de penser, si semblables de cœur.

fut M. de Lourdoueix.

Le début de M. de Latouche dans la poésie fut un éloge de Rotrou, début brillant! La composition de ce court poëme est des plus heureuses, et le style à la hauteur de la composition. Pour chanter

Le vieux contemporain de l'aîné des Corneille.

le jeune inspiré trouva des vers vraiment *cornéliens.*

M. de Latouche partit bientôt pour l'Italie. Il la parcourut à cheval ainsi que la Suisse. Ce voyage est aussi un poëme. Il en rapporta *Fragoletta,* œuvre étrange et éblouissante, animation d'un marbre antique, vrai caprice d'artiste, où l'on s'accorde à reconnaître un talent flexible, original, prestigieux.

Bientôt parut *Clément XIV et Carlo Bertinazzi.* De ce livre, Chateaubriand a dit : *qu'il suffirait seul pour assurer à son auteur une haute et durable renommée*. Qu'elle est curieuse, intéressante et touchante à la fois, cette correspondance entre un grand pontife et un comédien! Que cette donnée est neuve et piquante, et pourtant comme tout dans les sentimeuts et dans le langage est naturel et vrai! Si vrai, que M. de Latouche, qui avait donné ces lettres comme traduites d'un vieux manuscrit, fut d'abord pris au mot. Peu après la publication de son ouvrage, il s'amusa à traduire en italien une des lettres de Carlin et à donner cette version à une *revue* du temps. Aussitôt les critiques de pleuvoir dans tous les journaux. On déclara : *que la traduction française, quoique faite en conscience, était loin de la grâce et de la naïveté du texte.* Ceci réjouit beaucoup l'auteur, qui racontait avec finesse et gaîté ces sortes de mystifications.

Restreinte dans un cadre étroit, nous ne pourrons guère que nommer ici les nombreux ouvrages de M. de Latouche.

Il a écrit plusieurs œuvres dramatiques qui n'ont pas toutes été présentées au théâtre; mais qui sont imprimées. Les deux premières qu'on a jouées, *Projets de sagesse* et *Selmour*, obtinrent un succès qui fut surpassé par celui du *Tour de faveur*. *La Reine d'Espagne*, méconnue d'abord, a été reprise avec beaucoup de succès en 1848. Hélas! l'auteur, déjà bien malade, n'a pu la voir jouer.

France et Marie, roman en deux volumes, est un récit touchant rempli de scènes pathétiques, et dont le dénouement imprévu glace d'effroi.

Puis vint *Grangeneuve*, où M. de Latouche révèle ses fraternelles sympathies pour ces Girondins qu'il aimait en poëte autant qu'en patriote. Il devait les aimer en effet, les compagnons d'André Chénier! Ces hommes de conviction, de dévoûment, de généreuse imprudence, charmaient son cœur et son imagination.

Vers ce temps, il eut ce qu'il appelait *le grand bonheur de sa carrière littéraire*. Ce bonheur c'est le service immense qu'il rendit aux lettres et à la France éclairée et sensible, en exhumant et publiant les adorables poésies d'André Chénier. Ses relations avec le vieux frère d'André, les détails recueillis sur la suprême et sanglante journée du poète-martyr, sont conservés dans la notice qui précède les œuvres d'André Chénier.

Nous ne dirons rien des nombreux articles de critique littéraire dus à M. de Latouche, de sa direction du spirituel journal le *Figaro*, l'espace nous manque.

Aymar, encore un roman en deux volumes, est une belle et grande conception où l'auteur fait une large part à l'histoire contemporaine de France et de Pologne. Il y met en relief, entre autres personnages dramatiques, l'héroïne polonaise *Émilie Platter*, dont il nous fait admirer la mort sainte et sublime.

Léo est l'histoire d'un jeune artiste errant et portant, avec son attirail de peintre, son enfant, le plus gentil, le plus naïvement jaseur des bambins de quatre ans. A la suite de ce petit Léo, nous pénétrons dans de vieux manoirs dont chacun a sa légende. Nous allons à Tours, où habitait alors Béranger, et où le héros de l'ouvrage, Arnold, obtient de poétiques confidences que l'avenir, dit-on, sera seul admis à partager. Enfin, l'auteur nous introduit dans le séjour d'une puissante fée, qui apparaît, tantôt comme un écrivain sublime, tantôt comme une charmante châtelaine, tantôt comme un bienfaisant génie visitant les pauvres chaumières.

Après *Léo*, viennent *Un Mirage*, *Adrienne*, une petite nouvelle intitulée *le Pape et les Voleurs*. Partout on trouve des sentiments élevés, des pensées neuves, un style étincelant auquel on a quelquefois reproché *trop d'esprit*.

J'ai peu parlé des poésies de M. de Latouche,

qui me semblent cependant son plus beau titre de gloire. Il faudrait bien plus d'espace qu'il ne m'en est accordé pour analyser le seul recueil des *Adieux*, sans parler des *Agrestes*, de *la Vallée-aux-Loups*, etc. Ces poésies ont un double et puissant intérêt, car là, plus encore que dans sa prose, l'auteur a mis toute son âme. Le compte-rendu de ses poèmes sera celui de sa vie entière et ne peut trouver place ici.

Il a laissé un recueil inédit qui vient d'être publié par les soins de mademoiselle Pauline de Flaugergues, sous ce titre : *Encore Adieu!* Les poésies qui le composent sont toutes datées de sa retraite d'Aulnay, que M. de Latouche habitait depuis quelques années. Il s'y rendit sur l'avis de ses médecins, espérant y rétablir sa santé fort altérée depuis 1842. Il s'y remit en effet, et il a passé là quelques douces années de paix. Mais les indispositions éprouvées à Paris se renouvelèrent; c'étaient des menaces de congestion cérébrales. Quoique détournées par de prompts secours, ces crises laissaient toujours quelque trace cruelle ; sa vue s'affaiblit, ses jambes ne le soutenaient qu'à peine ; il finit par tomber dans un état d'infirmité. Dans cette situation si pénible pour un homme d'imagination vive et doué de beaucoup d'activité, même physique, le malade était d'une sérénité, d'une douceur, d'une bonté d'âme incomparables. De son lit, qu'il avait fait placer devant une fenêtre, il aimait à voir se lever le soleil, et les rougeurs du soir enflammer ses vitres. On lui apportait les premières violettes d'avril, les premiers fruits des arbres de son petit verger ; il était ému des moindres attentions, reconnaissant des moindres soins. Ses pensées étaient graves, mais consolantes. Dans ses meilleurs moments, il dictait des vers qu'on s'empressait de recueillir. Ces feuillets baignés de larmes, conservés et publiés par la religion d'une amie, composent le recueil : *Encore adieu !*

Nous ne donnerons ici que ces derniers vers ; ils ont été gravés sur le monument du poète, au-dessous de son médaillon en bronze, dû à l'amitié de M. David (d'Angers), un des hommes pour qui M. de Latouche a gardé jusqu'à la fin de sa vie, le plus d'estime et d'affection :

Confiés à la terre ainsi qu'un grain futile,
Nous en ressortirons sous ton regard fertile.
Mon Dieu ! refleuris-nous par tes dons inconnus !
A des cœurs sans verdure, à des fronts déjà nus,
Viens imposer demain ta féconde puissance !
La mort, c'est le printemps, c'est notre renaissance ?

L'ermitage d'Aulnay est en des mains pieuses qui le conserveront, avec un saint respect, en l'état où le poète l'a laissé, tout rempli de son image et de son souvenir.

P. F.

Impr. de E. Dépée, à Sceaux.

www.ingramcontent.com/pod-product-compliance
Lightning Source LLC
LaVergne TN
LVHW010337230826
846091LV00009B/3902